Noélie Viallet . Aurélie

La véritable histoire de
Artur, petit immigrant à New York

bayard jeunesse

La véritable histoire d'Artur a été écrite par Noélie Viallet
et illustrée par Aurélie Abolivier.
Direction d'ouvrage : Pascale Bouchié.
Texte des pages documentaires : Noélie Viallet.
Illustrations : pages 7, 17, 26, 35, 42 : Nancy Peña ;
pages 18-19 : Emmanuel Cerisier.
Photos : pages 10-11 : Stuart Monk/Shutterstock;
pages 36-37, de gauche à droite : Andrey Bayda/Shutterstock,
Philip Lange/Shutterstock, Joseph Sohm/Shutterstock, ruigsantos/Shutterstock,
Lissandra Melo/Shutterstock, IndustryAndTravel/Shutterstock.

La collection « Les Romans-Doc Histoire »
a été conçue en partenariat avec le magazine *Images Doc.*
Ce mensuel est édité par Bayard Jeunesse.

18 rue Barbès, 92120 Montrouge
ISBN : 979-1-0363-0439-2
Dépôt légal : juin 2019
Deuxième édition : juin 2019

Loi n° 49-956 du 16 juillet 1949 sur les publications destinées à la jeunesse.
Imprimé en France par Pollina s.a., 85400 Luçon -89656A.

CHAPITRE 1

BIENVENUE EN AMÉRIQUE

Ce matin, Artur s'est réveillé de bonne heure. Une grande agitation règne sur le paquebot. Il a encore les jambes engourdies et les traits tirés, après une nuit dans la cale. Il court sur le pont, et s'exclame :

– *Mommy**, *mommy* ! On arrive !

Sa maman Abbie le rejoint sur le pont. La mer clapote, quelques mouettes crient et virevoltent autour du bateau

* *Maman, en anglais.*

pour souhaiter la bienvenue aux nouveaux arrivants.

Après plus d'un mois de navigation, leur bateau pénètre dans l'embouchure de la rivière Hudson. Ils aperçoivent la terre ferme : la ville de New York !

Une grande statue les accueille. C'est la statue de la Liberté ! Les femmes secouent leur jupe. Les hommes lissent leur moustache. Sur le pont supérieur, des *gentlemen** époussettent leur chapeau melon et s'accoudent au bastingage pour admirer la vue.

* *Ce sont des hommes distingués, bien habillés et ayant de bonnes manières.*

Emmitouflée dans une couverture, une vieille dame se met à chanter : « *Liberty-y-y* » et Artur chante avec elle. Il fait si froid qu'un peu de brouillard semble sortir de sa bouche.

Sa maman a le sourire, elle caresse les cheveux roux d'Artur et sa mèche rebelle :

– On va retrouver ton père, je suis si heureuse !

– Oh oui ! Mais comment va-t-on le retrouver avec tout ce monde ? demande l'enfant.

Sa mère le rassure :

– Ne t'inquiète pas !

Et elle serre fort son chapelet* contre elle, elle sait que Dieu les protège. Dans sa dernière lettre, Mobi, son mari, lui a dit qu'il les attendrait sur le quai. Elle espère qu'Artur aura une meilleure vie ici qu'en Irlande. Elle noue son fichu sur sa tête, boucle la valise et resserre le nœud du baluchon.

La sirène du bateau retentit. « Vrrrrrrrom ! » À terre, flotte le drapeau des États-Unis d'Amérique ! Artur est fier, il va devenir un Américain.

* *Un chapelet est un objet de prière en forme de collier, utilisé notamment chez les catholiques.*

La foule se dirige vers un escalier. Artur s'élance mais sa mère le prévient :

– Hé, ne t'éloigne pas ! On en a pour plusieurs heures, avec les contrôles.

Artur est si excité… Ho ! hisse ! Il juche sur son dos le baluchon de toile où sont rangées leurs menues affaires : cinq chemises de coton, huit chaussettes de laine, deux casseroles, quelques *pence**, un peu de pain noir et sec et son jouet préféré, un petit mouton de bois.

– *Mommy*, suis-moi !

– Oui, mon garçon.

La foule se presse à la queue leu leu, les bébés pleurent. Artur et sa mère sont serrés contre tous les passagers qui sentent la transpiration et le tabac froid. À quai, un agent leur demande :

– Nom ? Prénom ?

– O'Brien Artur. O'Brien Abbie.

– Tenez, une étiquette avec le nom de votre bateau. Allez vous asseoir là-bas !

Artur et Abbie entrent dans une immense salle.

Les voyageurs parlent dans toutes les langues. Le garçon

* *Pièces de monnaie.*

suite page 8

L'ARRIVÉE À NEW YORK DES IMMIGRANTS

Une batterie de contrôles

Quand les migrants arrivent à Ellis Island, les hommes sont séparés des femmes et des enfants. Tous passent un examen médical puis répondent à une batterie de questions. La salle des enregistrements mesure 60 m de long. Des milliers de personnes y font la queue chaque jour pour obtenir leurs papiers. Les plus riches passent plus vite les contrôles.

Ellis Island

C'est une île de la baie de New York. Entre 1892 et 1954, elle abrite les services d'immigration, qui autorisent l'entrée des nouveaux arrivants sur le territoire américain. Plus de 12 millions de migrants qui veulent entrer aux États-Unis y sont passés. Il y a un dortoir, une cantine, des restaurants et un coiffeur, car certains immigrants doivent parfois y rester plusieurs jours.

L'île aux larmes

Ellis Island est surnommée *the Island of Tears*, « l'île aux larmes ». En effet, les services de l'immigration américaine peuvent renvoyer des migrants chez eux après leur long voyage. Les autorités refusent l'entrée aux personnes atteintes d'une maladie contagieuse ou ayant un passé criminel. En réalité, seuls 2 % des migrants ont été renvoyés.

Le début d'une nouvelle vie

Après avoir passé les contrôles d'Ellis Island, les immigrants s'installent dans la partie sud de l'île de Manhattan ou prennent le train pour d'autres régions des États-Unis. Ils ont quitté leur pays pour trouver du travail et ainsi nourrir leur famille. En effet, les États-Unis sont alors en plein développement commercial et industriel et on y trouve du travail.

a soudain peur : « Est-ce que je vais me faire des amis à New York ? » se demande-t-il.

Il commence à avoir sacrément faim, et l'attente est si longue qu'il se blottit contre l'épaule de sa mère.

Après plusieurs heures, quelqu'un l'appelle :

– Artur O'Brien ?

Il sursaute.

– Vas-y ! l'encourage sa mère, et surtout ne dis rien de mal. Il ne faut pas qu'ils nous renvoient en Irlande.

Le cœur d'Artur bat la chamade. Le garçon prend une grande inspiration et entre dans une salle marquée « INSPECTION MÉDICALE ». Un docteur lui braque une lumière dans l'œil, tout en disant :

– Conjonctivite ? Variole ? Choléra ? C'est bon.

Artur est effrayé par le nom de ces maladies. L'homme lui prend le pouls, mesure sa taille et note toutes les informations dans un grand cahier.

Puis Artur et sa mère passent au bureau de l'immigration. En fronçant les sourcils, un homme aux grands yeux noirs interroge Mme O'Brien :

– D'où venez-vous ?

suite page 12

1. Liberty Island :
c'est l'île sur laquelle est installée la statue. Cette dernière est un cadeau de la France aux États-Unis pour fêter les cent ans de l'indépendance américaine. Elle a été construite en France, démontée puis transportée par bateau jusque-là. Elle a été inaugurée le 28 octobre 1886.

2. La robe verte :
elle est constituée de plaques de cuivre. La statue a été conçue par le sculpteur français Auguste Bartholdi. Sa charpente métallique a été réalisée par Gustave Eiffel, le créateur de la tour Eiffel.

3. La torche :
elle symbolise *La Liberté éclairant le monde*. Quand la statue était un phare, elle servait d'abri au gardien.

4. La main gauche :
elle tient une tablette où est inscrite la date de l'indépendance des États-Unis, le 4 juillet 1776.

5. La couronne :
les sept pointes représentent les sept continents et les sept océans.

6. Les pieds :
ils sont posés sur des chaînes brisées, pour symboliser la liberté.

7. Le piédestal :
il est en béton et un poème est gravé dessus. Il mesure 50 m, soit un peu plus que la statue qui, elle, mesure 46 m de haut.

LA STATUE DE LA LIBERTÉ

Une immense statue accueille les immigrants à l'entrée du port de New York. Elle est devenue un symbole des États-Unis.

– Région de Cork, en Irlande.

– Où allez-vous ?

– À Manhattan, New York.

– Comment allez-vous gagner de l'argent ?

– Mon mari, Mobi O'Brien, travaille à la construction du métro de New York.

– Et votre *boy** ?

– Il va aller à l'école.

L'agent hésite. Artur et sa mère se regardent, inquiets. Enfin l'homme tamponne un papier et le tend à Abbie. Il indique la sortie et crie :

– Suivant !

C'est gagné ! Abbie et Artur marchent sur un ponton, puis aperçoivent dans la foule un homme qui secoue sa casquette :

– Papa !

Artur se précipite dans ses bras. Une nouvelle vie commence…

* *Garçon, en anglais.*

CHAPiTRE 2

LA RENCONTRE

Artur est ébahi. Que de monde dans les rues ! Les dames déambulent avec d'élégants chapeaux, des calèches tirées par des chevaux roulent sur la chaussée, des ouvriers creusent le sol pour installer des réseaux électriques, des vendeurs hèlent les passants. Un tramway rempli de voyageurs leur passe sous le nez.

– Il va *uptown*, au nord de New York, explique Mobi.

La famille arrive sur Mulberry Street, qui grouille de monde. Mobi montre un immeuble de briques rouges :

– Voici notre maison ! Entrez vous mettre au chaud. J'ai préparé une soupe de pommes de terre.

Artur gravit quatre à quatre les marches. Dans l'escalier, il croise un garçon vêtu d'un pull-over rouge. Le garçon lui lance un regard insistant. Artur se demande : « Que me veut-il ? »

Au deuxième étage, son père ouvre la porte de leur logement :

– Voilà ! C'est petit, mais nous serons bien tous ensemble.

Ce soir-là, Artur grelotte. Il remonte son édredon jusque sur son nez.

– Bonne nuit fiston, dit Mobi. Je suis content que tu sois ici. Demain, je me lève tôt pour aller travailler sur le chantier du métro. Bientôt, on circulera sous la terre !

– Bonne nuit p'pa, sourit Artur en serrant fort contre lui son mouton en bois.

Demain, il ira pour la première fois à l'école new-yorkaise. Il ferme les yeux. De l'autre côté de la cloison, des voisins crient dans une langue qu'il ne connaît pas. Il entend la respiration de ses parents juste à côté. Puis des grattements sur le sol…

– Satané rat ! grommelle son père.

Mobi balance une boîte de conserve sur le sol pour faire fuir la bête. Artur frissonne et s'endort en rêvant à leur ferme en Irlande, qu'il ne reverra plus.

Le lendemain matin, à l'école, l'instituteur demande :

– Pouvez-vous vous présenter, jeune homme ?

– Artur, 8 ans, futur pompier de New York.

Son accent rauque fait rigoler les autres élèves qui se moquent de lui :

– Ah ouais ! C'est un Paddy* !

À l'autre bout de la classe, Artur voit le garçon croisé la veille dans l'escalier. Ce dernier lui jette une boule de papier. Le professeur s'énerve :

– Je vais te remonter les bretelles, Benito ! Allez, répétez après moi : *Monday, Tuesday, Wednesday***…

Et les élèves, qui viennent tous de pays différents, répètent en chœur les jours de la semaine.

Artur ouvre sous son pupitre la boule de papier envoyée par Benito. Il lit : « Le rouquin, je veux te parler. »

Dans la cour de récréation, Benito entraîne Artur derrière un arbre :

– J't'ai repéré hier. Moi, j'suis italien et j'aime bien les Irlandais. T'es nouveau, t'as l'air malin. Alors, je vais te montrer ce que c'est New York, mon gars ! Tu me suis ?

Artur a promis à sa mère de rentrer après l'école, mais

* *Surnom des Irlandais.*

suite page 20

** *Lundi, mardi, mercredi, en anglais.*

LA NAISSANCE DE NEW YORK

Une île habitée par des Amérindiens

Au XVIe siècle, New York s'appelle Mannahata, « l'île aux collines ». C'est une longue bande de terre entourée d'eau.
Y habitent des hommes de la tribu des Algonquins. Ils vivent de la chasse, de la pêche, cultivent le maïs, les courges et les haricots. En 1524, l'explorateur florentin Giovanni da Verrazano est le premier Européen à longer ces côtes, mais il n'y débarque pas.

Les premiers colons hollandais

En 1609, un Anglais, Henry Hudson, jette l'ancre dans la baie. Il travaille pour le compte de la Compagnie hollandaise des Indes orientales et cherche une route pour rejoindre les Indes par le nord. Quelques années plus tard, en 1614, des premiers colons hollandais s'installent et nomment l'île la Nouvelle-Amsterdam, en mémoire de leur ville d'origine.

Le rachat de l'île

D'autres immigrants européens débarquent sur l'île.
En 1626, Peter Minuit, le gouverneur de la colonie, rachète l'île à la tribu amérindienne des Canarsie. La ville devient un port de commerce. Les colons cultivent du tabac, vendent des peaux de castor, de loutre et de vison.
Ils construisent des moulins et des maisons de brique.

Un nouveau nom : New York

En 1664, les Anglais, qui étaient des rivaux des Hollandais, s'emparent de la ville. Le roi d'Angleterre, Charles II, fait don de l'île à son frère, le duc d'York. On change alors son nom en New York. Au XVIIIe siècle, les colonies anglaises se détachent de l'Empire britannique et se proclament indépendantes. Un nouveau pays naît, les États-Unis.
De 1784 à 1790, New York en est la capitale.
Elle deviendra une des plus grandes villes du monde.

UNE RUE NEW-YORKAISE

Au début du XXe siècle, New York est la capitale économique du pays. C'est une ville industrielle et commerciale.

1. La foule : en 1900, il y a 3 millions et demi d'habitants à New York.

2. Un escalier de secours en fer : situé à l'extérieur de l'immeuble, il permet de s'échapper en cas d'incendie. Ces escaliers ont été rendus obligatoires à la suite d'incendies graves.

3. Un *tenement* : c'est un logement où habitent et travaillent les immigrés.

. La *elevated line* : c'est une ligne e chemin de fer surélevée, construite partir de 1860. Elle permet de e déplacer d'un point à l'autre de la ville.

. Une citerne : installée sur le toit, lle alimente l'immeuble en eau.

. Un grand magasin créé au milieu u XIXe siècle. On peut y acheter toutes ortes d'objets.

7. Une publicité : elle est peinte à même le mur.

8. Un réverbère : il éclaire la chaussée le soir. Thomas Edison et George Westinghouse se sont battus pour installer le courant électrique dans la ville.

9. Un nettoyeur : il balaye les détritus pour améliorer l'hygiène et éviter les maladies.

il se laisse entraîner. « Ce Benito a l'air casse-cou, il a sûrement plus d'un tour dans son sac », se dit-il.

Ni une ni deux, Benito et Artur traversent Canal Street, longent Broadway. Ils croisent un garçon assis sur une vieille caisse qui est en train de cirer les souliers des messieurs pour quelques *cents**. Benito lui lance :

– Hé, James, la prochaine fois, tu me cires mes godillots ?

* *Un* cent *vaut un centième de dollar.*

Et le garçon le salue de la main dans un éclat de rire.

Artur et Benito arrivent au port. Une odeur de poisson les prend aux narines. Un homme édenté joue du mélodion*. Les dockers sont en plein travail. Un ferry passe dans la baie.

– Mais qu'est-ce que tu fais ? s'écrie Artur.

Benito a chipé deux rascasses qu'il tient par la queue avant de détaler.

Sorte d'harmonica avec un clavier.

– Vaurien ! Chenapan ! lui crie un pêcheur.

Et les deux garçons se mettent à courir jusqu'à perdre haleine.

– Ouf ! J'ai bien cru qu'il allait nous courser jusqu'ici, dit Benito.

Les garçons rigolent et traînent jusqu'à la nuit tombée. Quand Artur rentre à la maison, sa mère se retient de le gronder.

– Va vite te coucher mon grand, se contente-t-elle de dire. Demain, on aura une explication tous les deux.

Le père dort déjà, ses bottes de chantier crottées au pied du lit. Artur s'endort en souriant. Il a eu si peur ! Mais c'était si drôle…

CHAPITRE 3

LE GANGSTER CHIC

Aujourd'hui, Artur et Benito se régalent de beignets à la crème dans la pâtisserie d'Ernesto, un oncle de Benito.

– C'est qui ce monsieur avec un chapeau ? demande Artur en montrant une carte postale au mur.

– C'est San Gennaro, un saint vénéré en Italie, dit l'oncle.

– Nous les Irlandais, on fête saint Patrick !

– Viens, dit Benito. Je voudrais te présenter Mister Paul Kelly, le chef du gang de Five Points.

– Five Points ?

– C'est un quartier où se rejoignent cinq rues, pas loin d'ici. Tu vas voir, c'est un *gentleman*.

– Attends, j'sais pas… L'autre jour, ma mère m'a drôlement grondé ! Elle a peur que je ne devienne un voyou et que les Irlandais de New York ne disent du mal de notre famille…

– Allez, tu fais bien des histoires ! insiste Benito.

Artur ne veut pas faire de peine à sa mère. Mais la tentation est trop forte et il se laisse entraîner.

Les enfants sautent dans un tramway sans payer, et descendent quelques rues plus loin, devant la banque. Des hommes en smoking fument le cigare, accompagnés de belles dames en manteau qui sentent le musc.

– Une fois, j'ai chipé 50 dollars dans la poche d'un de ces messieurs, fanfaronne Benito.

– Oui, mais moi j'ai pas envie de le faire ! rétorque Artur.

– T'inquiète, *my friend**, je vais pas t'obliger.

* *Mon ami, en anglais.*

Devant un club de boxe, un malabar interpelle la foule :

– 3 dollars l'entrée, 3 dollars ! Venez assister à la revanche de Josh le Costaud contre Trent la Terreur.

Un homme à la peau noire veut entrer, mais le malabar le repousse :

– Toi, le négro, tu ne rentres pas.

Artur a un sursaut. « Cet homme n'a pas le droit d'entrer parce qu'il est noir ? C'est vraiment injuste », pense-t-il. Benito lui tire la manche :

suite page 27

UNE VILLE COSMOPOLITE

New York accueille des gens du monde entier. On compare parfois la ville à une grande salade composée, *the salad bowl*.

Une ville d'immigrés

Au fil des siècles, des immigrants de toutes nationalités ont peuplé la ville. D'abord des Anglais, des Espagnols, des Français, des Hollandais jusqu'au XVIIe siècle ; puis des Irlandais, des Italiens, des Chinois, des Sud-Américains, des Allemands, des juifs d'Europe centrale, des Grecs, des Hongrois, des Polonais... Ils fuient la pauvreté, la famine, les persécutions. En 1905, plus de 1 million d'Européens traversent l'Atlantique et arrivent aux États-Unis.

Tous Américains

L'école, obligatoire depuis 1874, vise à alphabétiser les fils d'immigrés et à leur inculquer les valeurs de l'Amérique. Les immigrants deviennent de vrais Américains. Mais ils ne renient pas leur pays d'origine. À la fin du XIXe siècle, on parle des « Américains à trait d'union » : les Irlando-Américains, les Italo-Américains...

Des peuples qui se côtoient

Les populations de cultures différentes se regroupent souvent par quartiers. Les Chinois s'installent à Chinatown, les Italiens à Little Italy, les Afro-Américains à Harlem, les Russes à Little Odessa... À la fin du XIXe siècle, il y a 146 journaux en au moins six langues différentes. Chacun cuisine des plats de son pays d'origine : le bretzel et le hamburger, d'origine allemande, le cheesecake né dans les quartiers juifs et italiens. Ces plats sont devenus des spécialités de New York.

Des limites à l'immigration

En 1924, la loi des quotas limite le nombre d'étrangers autorisés à s'établir aux États-Unis et impose un nombre maximal d'immigrants par nationalité. Cette loi ne concerne pas les Mexicains, qui arrivent en nombre. Après 1965, de nouvelles lois autorisent des Européens à rejoindre leur famille établie aux États-Unis. Aujourd'hui encore, tout le monde ne peut pas devenir citoyen américain.

– Allez, fais comme moi !

À quatre pattes, Benito se faufile entre les jambes des messieurs pour entrer sans payer. Artur le suit, et hop, les deux amis se retrouvent dans une salle bruyante et surchauffée où des hommes en sueur hurlent pour encourager les boxeurs :

– Vas-y ! Cogne ! Mets-le au tapis !

Benito désigne un homme de l'autre côté du ring. Artur remarque sa cravate noire, son chapeau melon et son air mystérieux.

Sur le ring, Josh le boxeur de 300 livres* est KO. La foule applaudit la fin du combat. Des verres s'entrechoquent. Des hourras fusent. Benito dit :

– Viens, c'est le moment !

Ils traversent la salle en direction de l'homme au chapeau melon. Benito prend la parole :

– Mister Paul Kelly, je vous présente Artur, mon ami irlandais. On voudrait entrer dans votre club athlétique, et travailler pour vous.

Paul Kelly scrute Artur de bas en haut :

– Vous êtes de petite taille, jeune homme, mais vous

** 300 livres = environ 150 kilos.*
La livre est l'unité de mesure des poids, aux États-Unis.

avez l'œil malin. Les Irlandais étaient mon meilleur public, quand j'étais boxeur. *Well**, passez me voir demain au club.

Le lendemain les enfants quittent l'école au plus vite. Ils rejoignent Great Jones Street. Artur demande :

– C'est quoi ce club de sport ?

– Les gars les plus forts du quartier s'y entraînent ! On peut trouver du boulot ici.

* *Bon, en anglais.*

– Mais je ne veux pas travailler, Benito !

Benito pousse la porte du club, qui grince. Au rez-de-chaussée des hommes boivent un scotch. D'autres jouent au poker. À l'étage, Artur aperçoit des athlètes qui soulèvent des haltères.

Il se sent tout maigrelet sous sa casquette usée. Il admire le nœud papillon et les souliers brillants de Paul Kelly qui est en grande discussion avec ses hommes. Curieux, les enfants perçoivent des bribes de conversation :

– Éliminons Monk Eastman ! Son gang a 2 000 hommes armés dans New York. Mais il va voir ce qu'il va voir ! Nous allons reprendre la partie est du quartier.

Paul Kelly s'approche des enfants. D'une voix douce, il leur dit :

– J'ai une mission à vous confier : vous allez espionner Monk Eastman, mon ennemi juré. Je veux savoir où il cache ses armes.

CHAPITRE 4

MISSION DE CONFIANCE

Ce matin, Artur et Benito avalent goulûment un hot dog. Ils sont anxieux. La mèche de cheveux d'Artur vole dans un vent glacial, il se frotte les mains pour se donner du courage. Les enfants ont rendez-vous avec Paul Kelly, au carrefour de la 23e rue et de la 5e avenue, près d'un ancien terrain vague, le Flatiron.

Artur lève la tête et admire la structure métallique d'un

bâtiment en construction :

– Il est étonnant cet immeuble !

– Oui, il va faire 22 étages ! précise Benito.

Près d'eux, deux vieilles dames s'exclament :

– C'est-y pas une folie, un bâtiment aussi haut ?

– On s'demande si on pourra respirer là-haut, au dernier étage. Et si ça s'écroule ?

Artur sourit et leur dit :

– Moi, je veux habiter plus tard au 54e étage !

– Ah là là, quelle époque ! commentent les passantes.

Les enfants s'impatientent. Enfin, Paul Kelly descend posément d'une voiture à cheval. Il sort de sa poche un papier et montre un portrait dessiné aux enfants :

– Voici mon ennemi, Monk Eastman : grosse tête ronde, nez cassé, cicatrices. OK ?

– D'accord, acquiescent les enfants.

– Voici le plan des rues où se trouve son quartier général. Tels des aigles, soyez calmes, discrets, précis, ayez l'œil vif. Une fois que vous saurez où sont ses armes, on pourra le coffrer et en finir avec lui, pan !

Paul Kelly mime un tir de pistolet puis souffle avant de retenir un sourire :

– Tenez, voici 3 dollars chacun.

Puis il tourne les talons. Benito retourne le papier dans tous les sens :

– Tu le comprends, toi, ce plan ?

– Mais oui, dit Artur. Regarde là c'est le nord, là l'est. La croix rouge, c'est la planque de Monk Eastman. On doit aller par là.

Les enfants débarquent dans une ruelle où pend du linge. Sur le mur, la peinture d'une publicité s'écaille. Quelques pigeons picorent des miettes dans la neige. Les enfants tendent l'oreille mais il règne un silence de mort.

suite page 38

LES BANDITS NEW-YORKAIS

Paul Kelly

Il est le premier vrai criminel new-yorkais. Chef du gang de Five Points, dans le sud de Manhattan, le Lower East Side, où cinq rues se rejoignaient. C'était un ancien boxeur, très cultivé. Il avait pris le nom de Paul Kelly pour plaire aux Irlandais qui assistaient aux matchs de boxe.

Al Capone

De son vrai nom Alphonse Gabriel Capone, il est l'un des plus célèbres bandits des années 1920-1930. Il est surnommé Scarface (qui veut dire « balafré ») parce qu'il avait trois cicatrices sur le visage. Il passe sa jeunesse à New York où il fait partie du gang de Paul Kelly, puis il sévit à Chicago. Il rackette les gens et exploite des bars clandestins. Il gagne plusieurs millions.

Lucky Luciano

Né en Sicile, ce criminel new-yorkais commence sa carrière de bandit en volant à l'étalage des magasins et en rackettant de jeunes juifs. En 1931, il fonde le syndicat du crime. La même année, il est condamné à trente ans de prison pour un massacre. Il est gracié en 1945 et s'installe en Italie.

Bugsy Siegel

C'est le surnom du gangster Benjamin Siegelbaum, « le dingue ». Il grandit dans un quartier pauvre de Brooklyn, à New York. Tout jeune, il rackette et met le feu à des magasins. Plus tard, il rencontre un autre bandit, Meyer Lansky, et ils forment un gang juif en guerre contre des gangs italiens et irlandais.

La Cosa Nostra

Il s'agit de la mafia la plus présente sur le territoire américain. Ce groupe de cinq familles italiennes et siciliennes installé au départ à New York a développé un réseau tentaculaire aux États-Unis. On le surnomme « la Pieuvre ». Il organise des crimes depuis les années 1930.

LES GRATTE-CIEL NEW-YORKAIS

À partir de 1870 poussent à New York des *skyscrapers*, des immeubles qui s'élancent en hauteur. Ils permettent de gagner de la place.

Flatiron Building

- Inauguration : 1902
- 87 m de haut
- 22 étages

Flatiron signifie « fer à repasser », en anglais. Il a une forme triangulaire, comme un fer.

Woolworth Building

- Inauguration : 1913
- 241 m de haut
- 57 étages

C'est l'un des premiers gratte-ciel de Manhattan et, jusqu'en 1930, le plus haut gratte-ciel du monde.

Chrysler Building

- Inauguration : 1930
- 328 m de haut
- 77 étages

Il est célèbre pour sa pointe en flèche. Trente-quatre ascenseurs permettent de se déplacer dans les étages.

Empire State Building

- Inauguration : 1931
- 443 m de haut
- 102 étages

Au 86e étage, un observatoire permet une vue impressionnante sur New York.

Comcast Building

- Inauguration : 1933
- 259 m de haut
- 70 étages

Il fait partie d'un ensemble de dix-neuf bâtiments, le Rockefeller Center. Au 70e étage, la vue est à couper le souffle.

One World Trade Center

- Inauguration : 2014
- 546 m de haut
- 104 étages

C'est le plus haut building de la ville, il remplace les tours détruites lors des attentats du 11 septembre 2001 (voir p. 42).

Artur tremble. Il ne sait pas si c'est de froid ou de peur, mais il ne veut pas reculer :

– Par ici !

– En avant, répond Benito.

Les enfants entrent dans une cour par une porte en bois et se plaquent contre le mur en entendant « tac, tac, tac ». Artur avance la tête vers une fenêtre et aperçoit un homme qui tape à la machine à écrire. Il fait signe à Benito de s'accroupir et les deux garçons avancent sous la fenêtre en rampant.

En passant devant un soupirail* entrouvert, ils entendent un rire gras qui résonne au sous-sol. Artur reconnaît Monk Eastman et murmure à Benito :

– C'est bien lui !

Les deux garçons écoutent :

– Ah ah ! Quel butin ! 10 000 dollars ! Bravo les gars, c'est du bon boulot.

– Demain, on attaque la bijouterie de la 14e rue.

– Et Paul Kelly ! Je veux le mettre à bas ce gredin.

– Bientôt le quartier de Five Points sera à nous.

– Tiens, range les revolvers.

Les enfants voient un bandit soulever une trappe. Il y enfourne le butin et les armes. Puis les hommes s'éloignent dans le bâtiment. D'un coup, Benito se glisse entre les barreaux du soupirail et se retrouve dans la cave. Il tente d'ouvrir la trappe avec une barre de fer pour subtiliser les revolvers. Mais la barre retombe dans un vacarme terrible. Artur appelle :

** Un soupirail est une ouverture dans un mur, qui donne sur un sous-sol.*

– Benito, sors ! Sors vite !

Benito s'accroche aux barreaux du soupirail et Artur tente de le tirer dehors.

Trop tard ! Un homme de main de Monk Eastman se jette sur Benito :

– Que fais-tu là, garnement ?

– Benitoooo ! hurle Artur.

Benito se débat et crie à son ami :

– File ! Va chercher de l'aide.

Artur prend ses jambes à son cou. Il arrive dans Bleecker Street et croise un policier à cheval :

– Monsieur, je vous en supplie, mon ami a été enlevé par des brigands.

– Où ça ?

– Great Jones Street.

– Houlà, je ne peux pas y aller tout seul, c'est trop dangereux ! On va me tirer dessus ! Rentrez chez vous, jeune homme. Moi, je vais chercher du renfort.

CHAPITRE 5

LA GUERRE DES GANGS

Ce soir, à la maison, les parents d'Artur ont cuisiné du lard fumé et des légumes. Mais Artur est rongé d'inquiétude pour son ami Benito. Mobi s'adresse solennellement à son fils :

– Artur, nous sommes inquiets pour toi. Nous sommes venus à New York pour que tu aies une vie meilleure que la nôtre, pour que tu deviennes un bon Américain, que tu sois banquier ou docteur…

suite page 43

6 GRANDES DATES DE L'HISTOIRE DE NEW YORK

1762 : la première Saint-Patrick

Saint Patrick a évangélisé l'Irlande. Le 17 mars 1762, des soldats irlandais défilent dans New York, pour commémorer sa fête. Cette tradition se perpétue. Tous les ans, lors d'une grande parade, les New-Yorkais défilent, habillés en vert, couleur de l'Irlande.

1873 : le début de Central Park

Au centre de New York se tient un immense et célèbre espace vert de 4 km de long sur 800 m de large : Central Park. Il a été achevé en 1873, après treize années de construction. Les New-Yorkais aiment s'y balader.

1898 : le Grand New York

Le 1er janvier 1898, cinq parties de New York sont réunies pour former la ville moderne de New York : c'est le « Grand New York ». Il comprend cinq arrondissements qu'on appelle des *boroughs* : Manhattan, Brooklyn, le Bronx, le Queens, et Staten Island.

1945 : les débuts de l'ONU

Après la Seconde Guerre mondiale est fondée l'Organisation des nations unies (ONU), pour arrêter les guerres et travailler à la paix internationale. Son siège se situe à New York.

1980 : l'assassinat de John Lennon

Le 8 décembre, le célèbre chanteur britannique des Beatles sort de son immeuble, le Dakota Building, en face de Central Park. Il est assassiné par un fou. Chaque année, des hommages ont lieu à New York, à sa mémoire.

2001 : les attentats du 11 septembre

Des terroristes détournent des avions et foncent dans les tours jumelles du World Trade Center. Ces symboles de la puissance américaine s'effondrent. Il y a des milliers de morts, de plus de quatre-vingts nationalités.

Sa mère ajoute :

– Mais tu déguerpis à la moindre occasion, tu traînes avec ce Benito !

Artur baisse la tête :

– De toute façon, Benito a disparu.

– Disparu ?

– Il a été kidnappé. Si ça se trouve je ne le reverrai plus jamais.

Artur éclate en sanglots et va se coucher sans manger. Au petit matin, il se lève avant son père, fourre son mouton de bois dans sa poche et se glisse sans bruit dans la rue.

Mais Mobi, qui n'a pas dormi de la nuit, attrape sa veste de travail et suit discrètement son fils.

Artur a rendez-vous avec Paul Kelly. La veille au soir, après avoir croisé le policier, il est passé lui raconter comment Benito avait été fait prisonnier par le gang de Monk Eastman.

Mobi suit Artur jusqu'à Great Jones Street. Il le voit retrouver Paul Kelly et ses hommes.

« Que fait mon fils avec cet homme élégant ? » se demande Mobi.

Avant même qu'il ait eu le temps de s'approcher, un coup de feu retentit : « Pan ! »

Des pigeons effarouchés s'envolent dans une odeur de poudre. C'est Paul Kelly qui a tiré. Mobi se plaque au sol et crie :

– Artuuuur !

– Papa, que fais-tu là ?

– C'est moi qui te demande ce que tu fais là !

Paul Kelly s'impatiente :

– Vous aurez le temps de discuter plus tard. On attaque.

– Et Benito ? s'interroge Artur, soucieux.

– Ne t'inquiète pas, jeune homme, ça va aller, encourage Kelly.

Mobi et son fils se cachent derrière un vieux tonneau alors que Paul Kelly s'avance :

– Monk Eastman, vous êtes cernés. Rendez-nous Benito ! lance-t-il.

Eastman réplique et tire pour faire fuir les assaillants. Paul Kelly et ses hommes attaquent la face arrière du bâtiment.

Soudain Artur aperçoit Benito derrière une fenêtre du premier étage. Son sang ne fait qu'un tour. De toutes ses forces, il jette son mouton de bois contre la vitre qui vole en éclats. Benito s'élance à travers le carreau brisé et… il atterrit dans les bras de Mobi :

– Suivez-moi les enfants ! hurle l'Irlandais qui entraîne Benito et Artur loin de Great Jones Street.

Dans leur dos, les coups de feu crépitent. Mobi fait vite descendre les enfants dans un trou de chantier :

– Venez ! Ici vous serez à l'abri.

Les trois fuyards se retrouvent dans un sous-sol humide.

– On est où ici, m'sieur ? demande Benito qui titube.

– Dans les couloirs du métro. Personne ne pourra nous retrouver ici, je connais ces boyaux comme ma poche. On va ressortir dix rues plus loin et vous serez hors de danger.

– C'est là que tu travailles, p'pa ? dit Artur en haletant.

– Oui, fils. Chaque jour avec les autres, on creuse. Regarde, on met la terre dans ces wagonnets avant de l'évacuer. Dans un an ou deux, on circulera dans ce réseau souterrain.

Benito se jette dans les bras de ses sauveurs :

– Merci Artur ! Et vous aussi, m'sieur ! Sans vous, je serais mort.

Mobi fait les gros yeux et réplique :

– Mouais. Mais je voudrais que tu arrêtes d'entraîner mon garçon dans des mauvais coups.

– Promis, répond Benito en baissant les yeux. J'ai eu si peur…

Le lendemain, Artur et ses parents se promènent dans Central Park. Un vendeur de journaux présente la une du *New York Times* et interpelle les passants : « Coups de feu hier près de Five Points. Les chefs de gang courent toujours. »

Abbie caresse la mèche de cheveux de son fils et se rappelle une vieille chanson que lui avait apprise sa mère, elle se met à fredonner : « N'oublie pas ta vieille maman, quand tu seras de l'autre côté de l'océan. Mais surtout où que tu sois, n'oublie jamais que tu es irlandais. »

Artur, lui, pense à son petit mouton de bois. Il s'était toujours dit qu'il lui porterait chance…